課程理念

「故鄉」放諸每個人心目中也有截然不同的感受，也許這系列書籍中的某句話、某張圖能觸動你的心，把我們的「故香」活現於彼此眼前。

各位家長，移居到海外以後，或許你與我一樣，經常無間斷地思考我們的下一代如何傳承「香港人」的身份。還望這一系列的書復刻我們的常識與通識課程，讓下一代認識香港。

身為家長，我們都希望孩子尋根、思源，在這段路上我們擁有彼此，透過文字交流，與你並肩，不會孤單。

希望這一系列的書籍，能夠成為香港人的禮物，保留香港的文化與特色。

本課程是根據下列的理念而擬定：

香港與民更始的時代啟航，而繁榮發展的背後，經歷了浩如煙海的大小事。帆船過往是香港的標誌，代表我們由小漁村發展至國際都會這一段引以為傲的歷史。今日的香港卻未有再向前啟航，在回頭的路上，我們看到很多值得珍惜的碎片，卻一點一滴流失及被抹掉。還望這一份課程指引能拋磚引玉，令在各地的香港人也有意識地保存香港人的身份與價值。在借來的時間，借來的地方，我們曾經創下奇蹟，在未來的時間，未知的地方，希望再次發生奇蹟。

香港的歷史可以追溯至舊石器時代，香港自清朝以來屬英國的殖民地，各方面的香港社會與政治環境而致「香港人意識」與身份認同萌生於七十年代中期，並在近年尤其深化，在此前所未見。

香港人、香港地；生於斯、長於斯。香港擁有很多獨特的生活方式和文化，香港人亦為此感到自豪。而香港人的身份認同，涉及語言、文化傳承、歷史、民生狀況、政權管治、國際地位等多種因素，認同程度也會隨著外在環境或主觀感情而變化。

在四十年代，香港經歷人口結構的劇變，從國共內戰、日本侵華，大量從廣東珠三角洲區域的難民南下，香港人口暴增至二百多萬。這個時期，香港華人與中國內地依然保持密切的關係，文化生活、模式十分類近，對香港人身份的認知仍未建立。直到五、六十年代，而社會更彌漫著一場悠長假期終會到期的想法。當時的社會結構主要由「難民」和「僑居者」組成。在殖民政策之下，對香港人的身份十分零散、模糊不清。直到香港經濟逐漸起飛，受西方文化影響，中國傳統文化式微，「香港製造」的歌曲、電影與電視劇創作猶如雨後春筍，更邁向國際，最終結合成獨一無二的香港文化；香港人從「殖民化」銳變成「本土化」，新的思潮與情感促使香港人的身份得以穩固。隨後經歷九七主權移交，脫港移民潮湧現；及後面對修例風波，香港再起另一波的移民潮。

對香港人來說，2012年至今不過十一年卻已恍如世紀，依然是無法忘懷影響最深遠的數年，香港人曾一同撐起雨傘，守衛我們的家。即便渡過了以上種種，香港人散落於世界各地，但對香港的愛依然沒有減少。

為此，本課程期望傳承香港人的身份認同與意識，讓香港人能修讀沒有被篡改不偏不倚的香港歷史。同時，本課程將成為海外香港人集體回憶的載體，保留即將失去的內容。這個過程，需要有你的參與。

本課程主要對象為高小、初中學生。為他們提供適切的課程內容，以配合其個人成長和未來發展的需要。因此，本課程著重於文化與承傳，綜合和更新了香港的經濟、社會、政治的歷年各大事件以策應在海外之香港人認識香港的背景與歷史的需要，讓高小、初中生潛移默化地以更廣闊的視野來熟悉香港生活和身處的社會。學生透過此課程能對香港的社區、經濟、政治、文化及歷史都有深入的領悟，培養對香港的身份認同感，並成為具備責任感的世界公民。

本課程綱要的設計有利教師或家長配合組織培訓與運用不同的教材使「香港精神」得以延續、世代相傳。

教學目標

適合對象：
高小、初中學生、所有香港人和喜歡香港文化的大家。
家長：與孩子共讀學習，承傳對香港人的身份認同。
教師：組織學習小組，傳播香港文化，提升對香港的歸屬感。
各位：適合成年人一同來捍衛、保留香港文化！

宗旨：
提高學生對香港的認識與香港身份認同感。
讓學生承傳香港的歷史，強化對香港的情意發展。
培養學生積極的世界公民態度，並致力貢獻香港和世界。
為學生提供一個輕鬆自然的學習氣氛，讓學生能全心投入廣東話的世界。

學生在完成課程後，應能：
掌握香港社會發展的基本概念與辭彙。
指出香港各大事件的因果關係。
找出香港歷史事件和發展的演變及延續。
從多角度認識與理解香港歷史的主要特徵與發展，及與世界的關係。
明白學習香港歷史是一種責任與義務，發揮香港人自強不息的精神。

課程特色：
保留香港本土文化與特色。
內容以香港為主軸。
設有互動課堂活動。
加入反思延伸問題。
☑ 香港知識 ☑ 歸屬感 ☑ 香港人身份認同

如何運用此書

本書分為一書兩冊（課本及工作紙），設有教師版與學生版。
在本書中，教師或家長可以靈活運用所有課題，並按照學生的程度以調整課題的內容。本課程需要具備一定的中文基礎。而課程藉生活化題材以興趣誘導式教學，著重廣東話運用與學習——包括聽說及書寫。

簡報（Power Point）
每一個課題均附有電子簡報（Power Point），而簡報配合課文內容，會提供文字資料、圖片、地圖及YouTube影片等等。教師或家長可先到我們提供的網站下載，應用前可先了解簡報的詳細內容。如有需要，可以把教材內容剪裁及調配，善加運用。

工作紙
每一個課題均附有工作紙，在課堂教學以後讓學生完成，深化作課堂知識。
工作紙的模式非常多元化，包括繪圖設計、延伸思考，及體驗式活動等等。

下載資料：

前言

在瞬息萬變的時代，我們要不斷思考如何向下一代傳遞「香港」的記憶，同時要讓下一代保有自己思考與選擇的空間。「思故鄉港教材系列單元工作紙」為輔助使用「思故鄉港教材系列」的教科書而設計，此套工作紙不僅是傳統的練習，更希望帶領學生進入香港的多元歷史和文化世界。透過創意和互動的活動，我們鼓勵學生提出問題、尋找答案，並進一步進行批判性思考。「思故鄉港教材系列」希望提供有系統的學習進程，同時在教學活動上保持靈活變化。為了提供更加全面的學習體驗，我們將繼續提供參考教案和活動，期望每位教育者能夠依據孩子的需求發揮創意，參考此套「思故鄉港教材系列單元工作紙」作教學，讓此套工作紙能夠成為學生認識香港的窗口，也讓他們能夠從活動當中體驗香港獨特的文化與價值。

目錄

香港的名字由來 單元工作紙

一、根據課文的內容，「香港」的名字由來有很多，你比較相信哪一個說法呢？
（試圈起你的答案。）

我比較相信：

• 香木說 •　　　　• 紅香爐港口說 •　　　　• 阿群帶路說 •

因為： _（自由作答）_ _____

二、其中一種說法：「香港」之名，源於製香業。
「製香」這門古老的手工藝經歷了時代的洗禮，工廠幾乎都已經北移到中國。

❓💬 **「造香」到底是什麼呢？**

第一步：「打碎」

第一部機械將
原塊香木打成細塊　➡　第二部機械是將
細塊打成粒狀　➡　第三部機械是將
粒狀打成精細粉狀

第二步：「搓形」 香粉混合特有香膠以增加其黏性以便成形。
最後把其包裹在竹枝之上，再搓成線香。

而造線香也有兩種方法。
小朋友，不如嘗試從互聯網上找找看：　【補充說明】培養學生探究與整合資料的能力。

方法1 「搓香」：是將香骨（竹枝）在香泥（香粉混水而成）上搓擦，使黏其上。
此方法能確保品質，又不會損耗原材料，但工序較細，須逐枝製作，多由女工擔任。

方法2 先將香骨浸水弄濕，濕潤至產生黏性，再揮動香粉，使其黏在香骨上。
此方法非常有效率，每次以一捆為單位製作，但所涉工夫較需體力，多由男工負責。

第三步：「曬乾」 放置於陽光下曬乾，並將香腳染紅，經包裝便可出售。

溫馨提示：
你也可以問家人的意見呢！

三、除此之外，香港快將式微的行業還有很多。
請你試試從網上查找即將消失的香港行業，並於下列適當位置完成作答。

請把圖片張貼／繪畫在此處　　　　　　　　　　請把圖片張貼／繪畫在此處

（自由作答）

行業名稱：　　　　　　　　　　　　**行業名稱：**

簡介： ＿＿＿＿＿＿＿＿＿＿＿　　**簡介：** ＿＿＿＿＿＿＿＿＿＿＿

＿＿＿＿＿＿＿＿＿＿＿＿＿＿　　＿＿＿＿＿＿＿＿＿＿＿＿＿＿

＿＿＿＿＿＿＿＿＿＿＿＿＿＿　　＿＿＿＿＿＿＿＿＿＿＿＿＿＿

【補充說明】完成第三部份後，可以邀請學生與家人/同學們分享自己找到的資訊。

四、你喜歡這個課題嗎？讓你對香港的認識加深了嗎？

1. 讀完這個課題，我感到： / （請圈出你的答案。）

2. 透過認識「家」的名字由來，我認為：（請把您的答案在適當位置上。）

a. 在這個課題前，我 曾經 / 沒有 聽過香港的名字由來。

b. 我對「家」的認識 加深了 / 沒有加深。

c. 但是，我還是有很多問題，例如：＿＿＿＿＿＿＿＿＿＿＿＿＿＿

＿＿＿＿＿＿＿＿＿＿＿＿＿＿＿＿＿＿＿＿＿＿＿＿＿＿＿＿＿＿

【補充說明】透過學生的回饋，從而評估及調整教學方式。

非常欣賞你的努力，你做得真好！

香港的象徵標誌 單元工作紙

找錯處 🔍 請從下列句子中圈出錯處,並把正確答案寫於上方。
(每句只有一個錯處)

1. 早在十九世紀,洋紫荊是在~~世界各地~~可以找到的物種。
   只有在香港

2. 洋紫荊~~就~~是紫荊花。
   不是

3. 鴨靈號的功用是~~出海捕漁~~。
   觀光遊覽

4. 香港的區徽以~~紫荊花~~圖案作主體。
   洋紫荊

配對 ✏ 請將圖片與合適文字以連線方式配對起來。

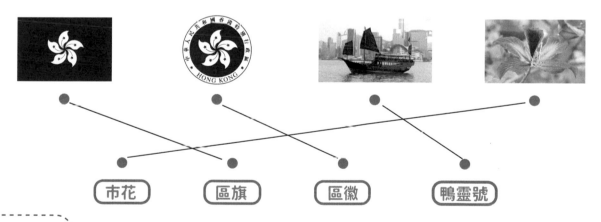

市花　　區旗　　區徽　　鴨靈號

影片 ▶ 請觀看影片,並根據影片的內容回答問題。

 　請掃描QR Code, 觀看許冠傑的《洋紫荊》MV

1. 影片中哪一句歌詞讓留你下深刻印象呢?
試把歌詞寫在適當位置。(可多於一句)

(自由作答/ 可引導學生多加說明)

《洋紫荊》寫於主權移交前,當時香港前途問題未明,社會氣氛充滿恐懼與不安。因此,歌詞講述香港的獨特和美好,同時寄語香港,期盼主權移交以後繼續盛放的光景。例如歌曲開首:「霓虹燈光 購物天堂 自由都市 百業繁旺」及結尾以前「讓洋紫荊永遠盛放 永遠是原狀 香港」。

2. 請圈出《洋紫荊》的歌詞

東	同	願	香	港	在
方	讓	明	港	閃	香
珠	洋	天	自	洋	港
為	紫	香	由	紫	你
風	荊	港	都	荊	我
光	永	也	市	珠	的
永	遠	是	原	狀	家
遠	盛	天	盛	放	鄉
好	放	堂	放	港	香
這	獨	特	社	會	港

3. 你也來試試看吧！
   試創作一句歌詞以表達你心中的香港
   （試將歌詞寫在橫線上，字數不限）。

_____

可重複播放歌詞 / 中文程度較弱的學生可先將歌詞列
印並對照作答。_____

（自由作答，提示：你最喜歡香港的什麼？/ 你是如何和
朋友介紹香港的？）

_____

_____

_____

_____

 創意：香港人的文化身份認同

香港的象徵性標誌還可以是課文以外的事物，
你能想到具有香港本土特色的文化標記嗎？（請繪畫在以下的空格內。）

提示：你最喜歡香港的什麼?/你會如何向朋友介紹香港呢?

【補充說明】香港人的文化身份認同：香港人共同擁有的文化和生活習慣。例如
飲食文化：點心、茶餐廳、街頭小吃如蛋撻和魚蛋等都是香港的代表性飲食。語
言文字：粵語及粵語俚語是香港文化的重要部分，而粵語也可以書寫為粵文。電
影文化：香港電影，在20世紀70到90年代，享有「東方好萊塢」的美譽。功夫片如
李小龍的電影風靡全球。節日慶典：如農曆新年、中秋節、孟蘭節等，香港人會有
各種獨特的慶祝活動。

（自由作答）

這是：_____

我會選擇它是因為 _____

_____

_____

無論是地名，還是市花，香港的象徵性標誌都是源於植物。

除了洋紫荊及土沉香揚威國際外，香港的植物品種非常豐富。
你想認識更多關於香港植物的故事嗎？
不如一同來認識香港的植物與相關知識，以及思考植物對人類和動物的重要性吧！

書名 《石獅安安愛遊歷：
奇妙的尋樹之旅 ──
認識香港不同的植物》

作者 新雅編輯室

出版社 新雅文化事業有限公司

教學目標

透過圖書共讀，不但能有效促進親子
/師生關係，還可以鼓勵學生自我探索
並深化對香港自然生態與植物的認識。

（自由作答）

1 你喜歡這本書嗎？（請圈出你的答案。）

 喜歡 / 不喜歡

3 讓你印象最深刻的是哪一個情節或場景呢？
（請把答案寫在橫線上。）

＿＿＿＿＿＿＿＿＿＿＿＿＿＿＿＿＿＿＿＿

2 你喜歡這本書的寫作風格嗎？為什麼？
（請圈出你的答案並把原因寫在橫線上。）

☺ 喜歡 / ☹ 不喜歡

因為 ＿＿＿＿＿＿＿＿＿＿＿＿＿＿＿＿

4 承上題，為什麼？
（請把答案寫在橫線上。）

＿＿＿＿＿＿＿＿＿＿＿＿＿＿＿＿＿＿＿＿

5 你最喜歡這本書中的哪一種香港植物呢？
你能把它繪畫出來嗎？
（請把答案寫在橫線上並繪畫在空格內。）

我最喜歡 ＿＿＿＿＿＿＿＿＿＿

它的形態是：

6 在閱讀這本書以後，我明白到植物對人類與動物的重要性是：
【參考答案】食物供應：大多數的食物來源於植物。穀物、蔬菜、水果、堅果和種子都是我們飲食的重要部分。許多動物也依賴植物作為其主要的食物來源。
＿＿＿＿＿＿＿＿＿＿＿＿＿＿＿＿＿＿＿＿＿＿＿＿＿＿＿＿＿＿＿＿＿＿＿＿＿＿

＿＿＿＿＿＿＿＿＿＿＿＿＿＿＿＿＿＿＿＿＿＿＿＿＿＿＿＿＿＿＿＿＿＿＿＿＿＿

＿＿＿＿＿＿＿＿＿＿＿＿＿＿＿＿＿＿＿＿＿＿＿＿＿＿＿＿＿＿＿＿＿＿＿＿＿＿

香港在世界的何方 單元工作紙

課前活動

猜一猜，你試來標示出「香港」的位置在哪兒。

課堂活動　從地球儀中找到「香港」。

1 我在地球儀中找「香港」的過程十分
（請圈出你的答案。）**（自由作答）**

 順利 ／ 困難

2 通過提示，原來要找到「香港」是有技巧的。

那就是要先找到 ___**（亞洲，或其他合理答案）**___ ，

就能找到「香港」。

3 我認為這個活動非常
（請圈出你的答案。）**（自由作答）**

 有趣 ／ 無趣

找一找 🔍　你能在世界地圖中找到香港嗎？請標示出香港的位置。

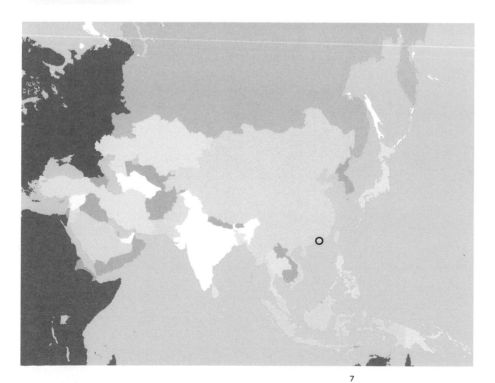

溫馨提示：
你還記得「小技巧」嗎？
如何才能找到「香港」呢？

判斷 請判斷下列句子是否正確。
試在正確的句子，加上「✓」；錯誤的句子，加上「✗」。

 經線和緯線是一些真實線，能幫助人類確定在地球上任何一個地方的位置和方向。

 香港所處時區比世界協調時間快8小時。

 緯線是與赤道水平的線。

 經線是連接地球南、北極點的連線。

香港在亞洲 單元工作紙

一. 你能找到「香港製造」的物品嗎？
請把它(們)的圖片貼在下列適當位置並完成「小檔案」。

亞洲製造小檔案

溫馨提示：香港也位於亞洲，您能找到「香港製造」的物品嗎？

請把圖片張貼於此	請把圖片張貼於此

物品名字：＿＿＿＿＿＿＿＿＿＿＿　　物品名字：＿＿＿＿＿＿＿＿＿＿＿

製造地：＿＿＿＿＿＿＿＿＿＿＿　　製造地：＿＿＿＿＿＿＿＿＿＿＿

用途：＿＿＿＿＿＿＿＿＿＿＿＿　　用途：＿＿＿＿＿＿＿＿＿＿＿＿

二. 你可以分享你在香港的深刻經歷嗎？

請繪畫/貼上圖片於此

＿＿＿＿＿＿＿＿＿＿＿＿

＿＿＿＿＿＿＿＿＿＿＿＿

＿＿＿＿＿＿＿＿＿＿＿＿

＿＿＿＿＿＿＿＿＿＿＿＿

＿＿＿＿＿＿＿＿＿＿＿＿

＿＿＿＿＿＿＿＿＿＿＿＿

＿＿＿＿＿＿＿＿＿＿＿＿

三. 有人曾說過，香港是一個非常國際化的城市，你同意嗎？你能舉出例子來證明嗎？

同意 / 不同意 ，因為 _____

（自由作答/參考答案:香港是個購物天堂,貨品來自世界各地/香港是美食天堂,
在香港能嚐到來自亞洲各地的美食）

四. 我們在這個課題中認識到各個亞洲地方的特色，如果讓您推廣香港，您會怎麼形容香港呢？

試拍一段2分鐘的影片來向親朋好友推廣香港的特色。

【補充說明】現時，很多孩子會以成為YouTuber為目標，
透過這項活動可以讓孩子整合課堂知識並回憶香港的經歷，
並體驗成為影片創作者,從玩樂中深化學習。

香港的陸地面積 單元工作紙

一. 課文知識：您知道這兩張圖代表的是什麼嗎？（請把答案填在橫線上。）

海島	半島
定義 指 ___四面___ 被水包圍的地方。	定義 指 ___三面___ 被水包圍的地方。

二. 增潤學習：始棕不夠地？

香港的土地問題並不在於土地不足，
而是香港政府的土地發展方案只集中在填海上，
不願觸碰現有的既得利益者，或改變現有的土地利益結構。

透過課文讓我們認識到香港的陸地面積。
但是在地圖上的香港感覺很渺小，又常常聽到關於香港「土地問題」的新聞。
不如我們一起來探討香港的土地問題吧！

原來，香港有一種地，名為「棕地」。

但是，「棕地」是什麼？

【補充說明】例如：貨櫃場、露天停車場或貯物場、「劏車」場、回收場、工業工場，甚至荒廢等等。

是指：位處於新界鄉郊，但因為農業活動衰落而轉作其他用途的土地。

我們來看看由綠色和平製作的影片便能了解更多。
（請把答案填在適當位置）

影片一：《此亂棕起 —— 3分鐘拆解棕地亂象》

觀看影片

❶ 根據影片，棕地的用途包括：

a. (五金廢料)垃圾場 _____

b. (非法)電子垃圾拆解場 _____

影片二:《善用棕地,保衛郊野》

觀看影片

❷ 根據影片,香港人均居住面積:
只有 <u>161</u> 平方呎,僅比一個 <u>車位</u> 大。

❸ 根據影片,香港政府不利用棕地的原因是:

a. <u>棕地分散,難以發展。</u>

b. <u>收地、補償、重置需時,因此會拖慢發展進度。</u>

觀看這兩段影片後,我的感受: (請圈出你的答案。) **(自由作答)**

😊 非常深刻 / 😐 沒有意見 / 其他感受:_____

原因是: (請把你的原因寫在橫線上。)

_____

_____

_____

香港的面積與比較 單元工作紙

一. 我的感受

❶ 我認為，香港真的很 **大 / 適中 / 小**。（請圈出你的答案。）

因為：＿＿＿＿＿＿＿＿＿＿＿＿＿＿＿＿＿＿＿＿＿＿＿＿＿

（請把你的答案寫在橫線上。）

❷ 經過這個單元後，我認為香港的面積：（請圈出你的答案。）

與當初想像不同 / 與當初想像一樣

二. 香港受益於地理優勢，交通網絡非常發達，也十分便利。 不如我們一同來了解更多關於香港的交通工具小知識！

觀看由網上學習平台Beginneros製作：

《【冷知識】上下班大塞車？3分鐘了解香港交通使用量》，然後回答下列問題。

（請把你的答案填在適當位置上。）

觀看影片

❶ 在香港，公共交通工具的作用十分 **重要 / 不重要**。（請圈出你的答案。）

❷ 香港的人口密度屬於全球 ＿三＿ 甲之內。

❸ ＿80＿ % 的香港市民都使用公共交通工具代步，
香港的交通工具使用率達至全球最高，
更被列入健力士世界紀錄大全。

❹ 因為香港山多平地少，並不是 ＿100＿ %的土地都是可發展或已發展，
香港的實質發展區只有 ＿25＿ %。

❺ 你有留意到影片中多次出現的一種交通工具嗎？你認識這款交通工具嗎？

認識 / 不認識（請圈出你的答案），

這是 ＿＿＿＿＿＿＿（交通工具名稱）。

【補充說明】若學生不認識「小巴」，可以請學生到互聯網上尋
找相關資料並完成「小檔案」。
（自由作答）

小檔案

介紹：＿＿＿＿＿＿＿＿＿＿＿＿＿＿＿＿＿
＿＿＿＿＿＿＿＿＿＿＿＿＿＿＿＿＿
＿＿＿＿＿＿＿＿＿＿＿＿＿＿＿＿＿

請繪畫/貼上圖片於此

13

香港的組成 單元工作紙 📖

一、選擇題：請圈出正確答案。

香港由 兩個 / ⟨三個⟩ / 四個 主要區域組成。

香港島大部份都是 ⟨山丘⟩ / 平地 / 平原 。

九龍半島的面積是全香港最 ⟨小⟩ / 大 的區域。

太平山 / ⟨大嶼山⟩ / 獅子山 是香港最大的島嶼。

新界的 山丘 / 平地 / ⟨高山⟩ 非常多。

判斷 🧠 **你還記得香港地圖中各個地區的名稱嗎？**

請寫出數字所代表
的地區名稱。

1 ___新界___

2 ___九龍半島___

3 ___香港島___

小小記者 ✏️

你知道記者的職責是什麼嗎？
記者會透過訪問、調查及觀察等等的方法以蒐集資料，並發掘具有新聞價值及能引發讀者興趣的新聞。你也來試試當文字記者吧！

這次的主題是：「香港的地區」，你可以請家人與你分享你們/他們曾經居住的地區嗎？
（請把你的答案填寫在適當位置×）

我訪問了 _____ 。 **（自由作答）**

他 / 她 告訴我曾居住在 _____（地區）中的 _____（地方）。

這是它的照片/圖片：

請繪畫/貼上圖片於此

我還設計了以下這些問題來進行訪問：

1 問題：_____

答案：_____

2 問題：_____

答案：_____

3 問題：_____

答案：_____

香港的東南西北 單元工作紙

一. 你能分辨出香港的東南西北嗎？試寫上位於香港各個極端的地名。

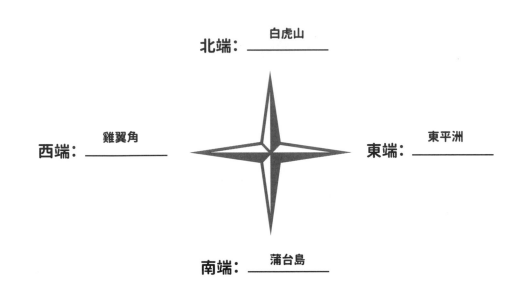

北端： 白虎山

西端： 雞翼角

東端： 東平洲

南端： 蒲台島

二. 你也來猜猜看吧！下列的句子正在形容哪一個地方呢？（請把你的答案填在橫線上。）

1

這個地方盛產紫菜。
雖然有居民居住，但是沒有水電供應。

答案： 蒲台島

2

這個地方的石頭很像千層蛋糕，
也被納入香港聯合國教科文組織世界地質公園。

答案： 東平洲

3

這個地方曾經是一處「禁區」，
也是香港的一座最接近中國深圳邊境的山峰。

答案： 白虎山

4

這個地方的外形非常像一種食物！
而且，北凹南凸的。

答案： 雞翼角

三.你在香港有難忘的回憶嗎？你也來為大家介紹一個最喜歡的香港景點吧！

我最喜歡我屋苑樓下的公園！

我最喜歡的香港景點是：_____**（自由作答）**_____，因為：_____

_____

_____

請繪畫/貼上圖片於此

這個地方的特色是：_____

_____

_____

香港之最：香港與國際化 單元工作紙

一. 我的感受

❶ 我認為，香港 **很國際化 / 不是很國際化** 。（請圈出你的答案。）

因為：＿＿＿＿＿＿＿＿＿＿＿＿＿＿＿＿＿＿＿＿＿＿＿＿

（請把你的答案寫在橫線上。）

❷ 經過這個單元後，我認為香港：（請圈出你的答案。）

非常獨特 / 不太特別。

因為：＿＿＿＿＿＿＿＿＿＿＿＿＿＿＿＿＿＿＿＿＿＿＿＿

二. 除了課文所述外，香港還曾經在國際上獲得很多榮譽。
你能從互聯網上找到「香港之最」嗎？（請把你的答案填在適當的位置內。）

我找到的香港之最是：＿＿＿＿＿＿＿＿＿＿＿＿＿＿＿＿

它是關於：＿＿＿＿＿＿＿＿＿＿＿＿＿＿＿＿＿＿＿＿＿＿

＿＿＿＿＿＿＿＿＿＿＿＿＿＿＿＿＿＿＿＿＿＿＿＿＿＿＿

＿＿＿＿＿＿＿＿＿＿＿＿＿＿＿＿＿＿＿＿＿＿＿＿＿＿＿

三. 而且，香港還有很多國際化的指標。
你能從互聯網上找到「香港的國際化」嗎？（請把你的答案填在適當的位置內。）

我找到的香港國際化是：＿＿＿＿＿＿＿＿＿＿＿＿＿＿＿＿

它是關於：＿＿＿＿＿＿＿＿＿＿＿＿＿＿＿＿＿＿＿＿＿＿

＿＿＿＿＿＿＿＿＿＿＿＿＿＿＿＿＿＿＿＿＿＿＿＿＿＿＿

＿＿＿＿＿＿＿＿＿＿＿＿＿＿＿＿＿＿＿＿＿＿＿＿＿＿＿

小小的連儂牆工作紙 📖

連儂牆是源自捷克布拉格修道院大廣場的 Lennon Wall。

原來是1988年群眾對胡薩克共產主義政權不滿,而在牆寫上反抗標語。

【補充說明】若環境許可,亦可以在真實的牆上貼上便條貼。

我最喜歡香港:
請把已寫上「形容詞」的便條貼張貼在此處。

優越的天然港口 單元工作紙

一. 根據課文知識,試回答以下問題。（請把你的答案填寫在適當位置。）

1 你知道「箭嘴」所標示的位置是什麼地方嗎?

這是: _____維多利亞港_____

它位於 ___香港島___ 與 ___九龍半島___ 之間的海域。

而且,四周被眾多的 ___島嶼___ 包圍,也有高聳的花崗岩 ___山丘___ 作屏障。

因此,船隻能免受 ___強風___ 吹襲,成為 ___世界良港___ 之一。

2 香港能成為優良港口的原因是:

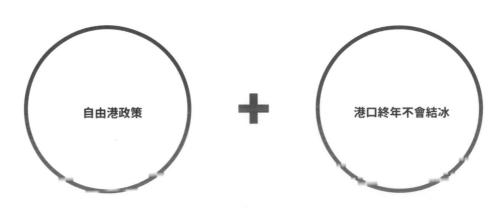

自由港政策 **+** 港口終年不會結冰

3 我們來透過影片認識香港吧！

從影片中，還可以看到龐大的貨櫃船呢！

觀看由 Timelab Pro 製作：
《Magic of Hong Kong. Mind-blowing cyberpunk drone video of the craziest Asia's city》後回答下列問題。（請把你的答案填在適當位置上。）

觀看影片

在影片中，我發現了熟悉的地方呢！

（自由作答）

我認識：＿＿＿＿＿＿＿＿＿＿＿＿＿＿＿＿＿＿

＿＿＿＿＿＿＿＿＿＿＿＿＿＿＿＿＿＿

香港的地形特徵 單元工作紙 📖

一. 根據課文知識,試回答以下問題。(請把你的答案填寫在適當位置。)

❶ 香港的地勢是:

山丘 ___很多___,平地 ___很少___。

平地集中在 ___新界___ 西北地區,例如元朗及上水等等。

海岸線 ___彎曲蜿蜒___,有很多海灣和島嶼。

❷ 以下的圖片顯示沖積平原。

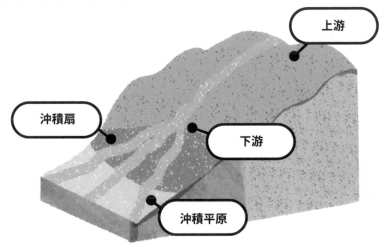

你可以在空白的位置填上適當的答案嗎?

❸ 為了「證明」香港的島嶼非常多,我們一同來觀看這段影片。

> 觀看由 阿鼻貓 ABCAT 製作:
>
> 《[4K] 航拍『遨遊香港天際1小時』》後回答下列問題。

觀看影片

觀看這段影片以後,我發現了: (請把您的答案填在適當位置上。)

香港的地勢特徵是: ___山___ 多、 ___平地___ 少、 ___海島___ 多。

填海造地 單元工作紙 📖✏️

一. 香港開埠以來,一直以填海造地。

我/我的家人／朋友曾經住在 ＿＿＿＿＿＿＿＿＿＿＿＿（地名）。

這個地方也是從填海而來的嗎？

請繪畫/貼上圖片於此

二. 但是,填海也會帶來一些負面的影響。例如:破壞自然生態等等。

除了填海以外,還有很多方法能為香港提供土地。

例如發展：

棕地

高爾夫球場

棕地

現時，香港的棕地都是荒廢的農地，並已經改為其他用途或空置。不過，棕地也是屬於「地主」的，會有業權問題。而且，香港的棕地一直都無法有效發展，需要香港政府前去談判。

有關棕地現時的用途
可以重溫〈香港的陸地面積〉單元工作紙

高爾夫球場

現時，香港政府以象徵式租金將大片土地租予球會。但是，高爾夫球卻是「貴族運動」，並不是所有的高爾夫球場均開放給普羅大眾。而且，發展高爾夫球場的處理時間和成本較低。因此，「收回」高爾夫球場的土地能有效釋放（提供）更多土地以增加土地供應。

在2021年時，香港政府宣布將會局部收回粉嶺高爾夫球場的32公頃用地，並於2023年9月歸還政府，初步決定用作興建公營房屋。

香港的土地利用 單元工作紙

課堂活動 請你為以下情況,想出解決方法。

超級市場的所有貨品都分類得非常有條理,
這個劃分情況就如土地利用般,
務必事先規劃才能達成良好的分配。

超級市場內所有貨品都已經放置得非常整齊了,
後來發現「寵物用品」沒有劃分一個獨立區域,
沒有位置「上架」了,該怎麼辦呢?

超級市場的貨品種類非常多,重新排列或
挪出空位所需的程序也非常繁複。
當相同概念應用在「土地運用」時,若沒
有妥善規劃,發現土地(空間)不足時所
需的程序也非常繁複。例如:清拆重建。

選擇:

① 想辦法挪出空位放置

② 重新排列及分類所有貨品

③ 其他:＿＿＿＿＿＿＿＿＿＿＿＿＿＿

＼ 你是土地規劃的決策者! ／

a. 家庭規劃:請把傢俱放到房屋的範圍內。

【課前準備】準備房屋組積木(注意:傢俱所需的面積必須
比房屋的面積大)。
【補充說明】邀請學生把所有傢俱放到房屋的範圍內,從而
讓學生進行一次「決策」。

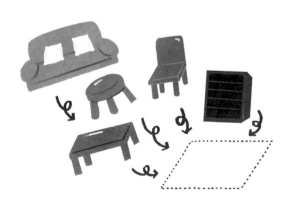

我 能夠 / 不能夠 把所有傢俱

放到房屋的範圍內。 (請圈出你的答案)

原因是: ＿＿＿＿＿＿＿＿ (參考答案:空間不夠)

＿＿＿＿＿＿＿＿＿＿＿＿＿＿＿

＿＿＿＿＿＿＿＿＿＿＿＿＿＿＿

＿＿＿＿＿＿＿＿＿＿＿＿＿＿＿

我感到很 ＿＿＿＿＿＿＿＿＿ ,我需要作出取捨。 (參考答案:自由作答)

我放棄了 ＿＿＿＿＿＿＿＿ ,因為 ＿＿＿＿＿＿＿＿＿ 。

【補充說明】基於「社會」對學生而言,有點遙遠而空泛,因此需要先以「家庭」決策作引入,讓例子更貼近生活,與學生連結。

b. 社區規劃：請把指定的東西放到限定的範圍內。

我　能夠 / 不能夠　把所有東西放到限定的範圍內。（請圈出你的答案）

原因是：（參考答案：面積太小）

_____

_____

_____

我感到很 _____ ，我需要作出取捨。（參考答案：自由作答）

我放棄了 _____ ，因為 _____ 。

結論 我認為土地利用在生活中　非常重要 / 也不重要 。

【課前準備】
1. 一個積木底座
2. 房屋積木x5（或其他建築物）
3. 動物積木x5
4. 人類積木x10

【補充說明】
邀請學生把所有積木放置於這個有限制的範圍內（有限的範圍內要恰當配置所有積木會有所困難），從而感受土地決策的重要性。

【補充說明】
無論學生身處何方，課程期許學生能從自身家庭的思考拓展至整體社會，建構公民責任感，而本課堂活動能進一步促使學生對土地利用與社區規劃有更具體的概念。

【注意】選用的積木底座面積必須比需放置的物品更小，才發揮「土地有限」的概念。

【補充說明】當談及土地利用時，亦與環境規劃、市區規劃息息相關。
例如：社區設施與服務、人口特徵、經濟活動、基建設施（交通網絡）等等。

【教學目標】正確理解土地利用的意義，並透過課堂活動實踐土地利用決策，從而讓學生明白「決策」需要平衡各持份者之間的利益之難處。

【延伸學習】若想了解更多有關民主決策的課題，可以參考Hello Bonnie所撰的《什麼是選舉?》

香港的地質構造 單元工作紙

1 你還記得這些岩石的名稱嗎?試把它們與相應的名字連起來。

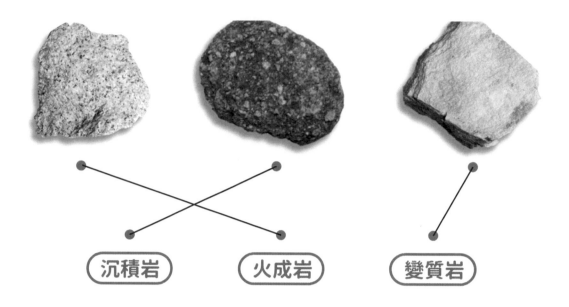

沉積岩　　火成岩　　變質岩

2 根據課文學習的知識,我知道:

香港是由 <u>火成岩</u>、 <u>沉積岩</u> 及 <u>變質岩</u> 三大類的岩石構成。

而最廣泛的是: <u>火成岩</u> ,它們的分布範圍佔全香港面積約 <u>85</u> %。

3 試在下列圖片中的空白位置填上適當的答案。

岩石的形成

香港的地質公園 單元工作紙

一． 學習過有關香港地質公園的知識後，將來我也：

有興趣 / 沒有興趣 到地質公園旅遊，（請圈出你的答案。）

因為： _____ 。（請把你的答案寫在橫線上。）

除了香港以外，我還知道 _____ 也有地質公園，

名為 _____ 。（請把你的答案寫在橫線上。）【補充說明】鼓勵學生到互聯網搜尋現居地的地質公園相關資料。

二． 填充

1 成立地質公園對香港的意義是：（請把你的答案填在圖圈內。）

答案：保育珍貴的地質遺跡/加強公眾的保育意識/普及地球科學知識/提升香港的國際形象/透過地質旅遊，宣傳地質遺產的自然和傳統價值，並推動社會和地區經濟的可持續發展。(任三個)

2 香港的地質公園是由 _____香港漁農自然護理署_____ 負責管理。

3 地質公園內劃分成三大保護區，分別是：____核心保護區____ 、____特別保護區____ 和
____綜合保護區____ 。

三． 判斷 遊覽地質公園時，以下哪些行為是正確的呢？（請把正確的答案圈出來。）

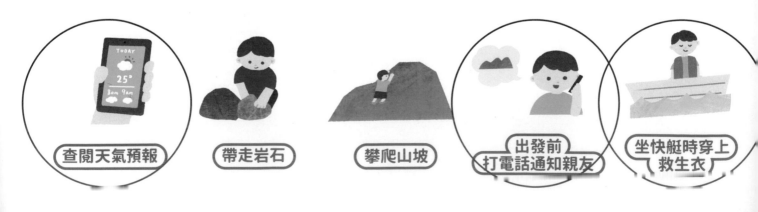

查閱天氣預報　　帶走岩石　　攀爬山坡　　出發前打電話通知親友　　坐快艇時穿上救生衣

四. 實踐 你也能成為YouTuber！試拍攝一段影片，並分享以下其一主題：

1 你到過一個香港聯合國教科文組織定義的世界地質公園的經驗。

2 根據課堂知識及網上搜集一個香港聯合國教科文組織定義的世界地質公園的相關介紹。

例子：赤門景區/黃竹角咀及赤洲景區/印洲塘景區/東平洲景區/糧船灣景區/果洲群島景區/橋咀洲景區/甕缸群島景區

【補充說明】詢問學生：「你還記得上一次在『第三章 香港在亞洲 單元工作紙』曾經嘗試成為小小YouTuber嗎？如果你認為上次有做得不好的地方，可以吸取上一次的經驗，並加以改進。」

香港的受保護地區 單元工作紙

一. 課堂活動：請你與父母討論家庭的規矩，並寫在適當的位置上。

我的家規

二. 根據課堂知識，回答以下問題。現時香港劃分了四類受保護地區，分別是：
(請把答案填寫於適當位置內。)

郊野公園及特別地區	保育	野生生物生境區	集水區

香港的郊野公園 單元工作紙

你能找到以下的郊野公園缺少了什麼嗎?

課堂活動　請你把缺少的郊野公園設施繪畫在適當的位置，並為空白的地方填上色彩。

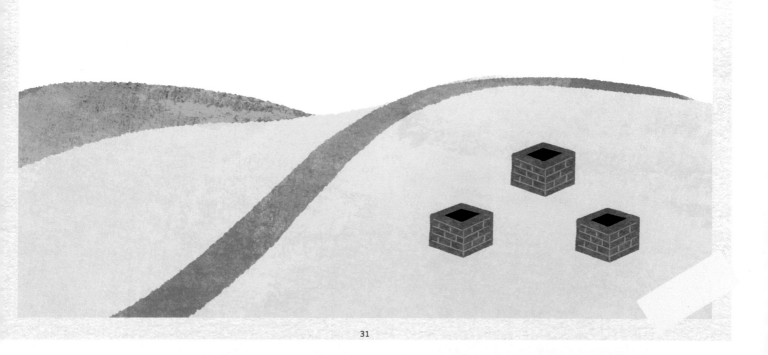

垃圾筒 大學問 單元工作紙

課堂活動　你也來試試看環保分類吧！
除了課堂提及的「藍廢紙、黃鋁罐、啡膠樽」外，還有「綠玻璃」呢！

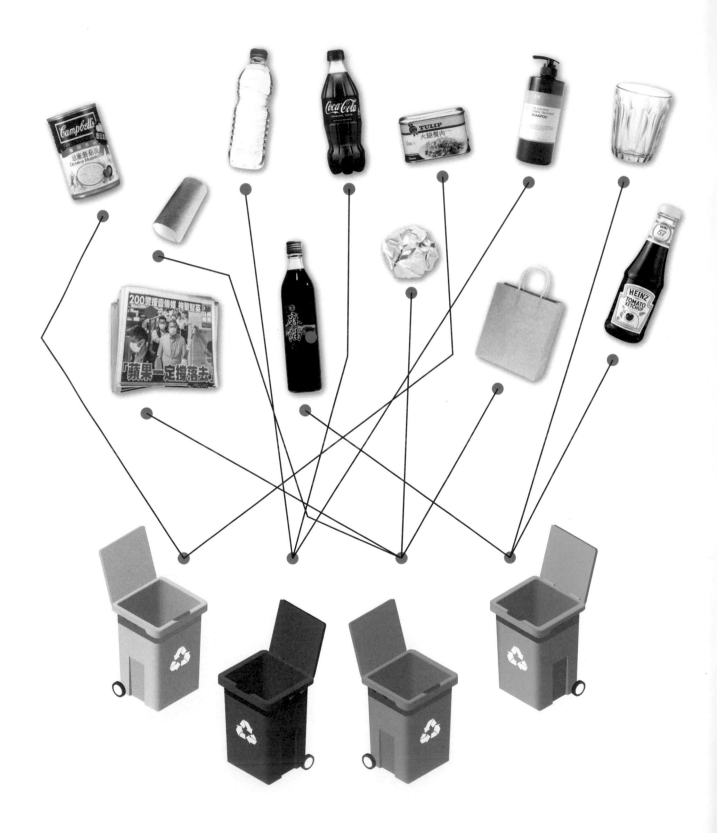

「香港政府應不應該移除行山徑垃圾桶?」

試分成小組,並討論有關「行山徑垃圾桶應否移除?」

提示:

➊ 有必要在香港郊野公園內的家樂徑設置垃圾桶嗎?

➋ 郊野公園內,部份市民亂拋垃圾導致廢物遍地皆是的成因是什麼?

➌ 行山徑垃圾桶對多方持分者的影響:政府/清潔人員/郊野公園的環境/市民等等

我在開始討論和思考前的立場是 **應該 / 不應該** 移除行山徑垃圾桶。(請圈出你的答案。)

請把正反立場寫在空格內。

✓	✗

經過一番思考,我的立場是 **應該 / 不應該**。(請圈出你的答案。)

原因: ➊ _____

_____

➋ _____

_____

香港的濕地公園 單元工作紙 📖

一. 填充　請在適當位置上填上適當答案。

濕地是 <u>水陸交接</u> 的部份。

濕地是地球上重要的生態系統，它是大自然的：

「調節器」	「空氣清新機」

二. 判斷 🧠　下列哪些屬於濕地呢?試加上「✔」

三. 我的感受

1 但是，近年城市的發展使濕地面對各項威脅，你對此有何看法？（請圈出你的答案。）

我感到：

 開心　/　 不開心

2 你認為人類與大自然能否和平共處呢？為什麼？（請圈出你的答案。）

能夠 　/　不能夠，　因為 _____(自由作答)_____ 。

（請把答案填在橫線上。）

最後，香港政府在發展經濟活動同時會劃分部份地區作為「彌償」。
你認為劃分各項生態保護區能否彌償城市發展對大自然所帶來的破壞呢？

能夠 　/　不能夠，　因為 _____(自由作答)_____

（請把答案填在橫線上。）

四. 身為香港的一份子，試想想有甚麼方法可以在發展城市的同時，也不破壞生態環境呢？

試使用「腦震盪」Mind Map的方法思考。　　　　　提示：以不同持分者的角度，和從宣傳、教育、
立法三方面及其可行性進行思考

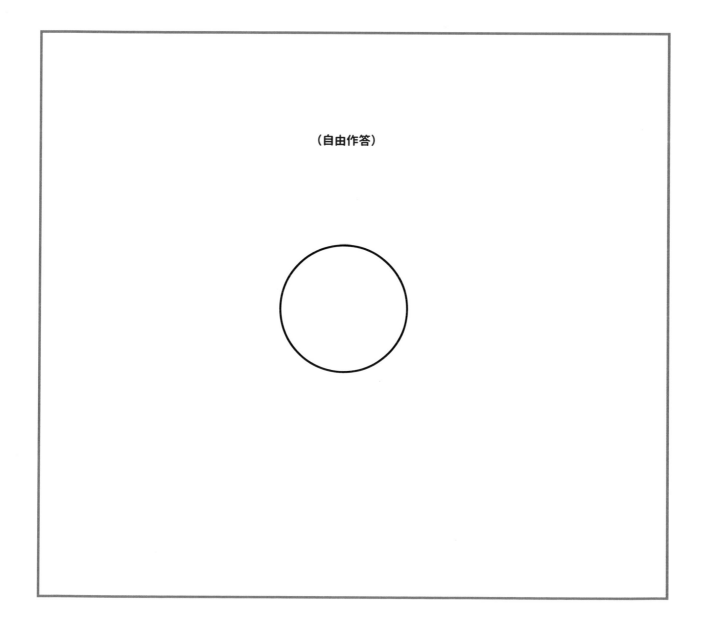

（自由作答）

香港的海岸公園及海岸保護區 單元工作紙 📖✏️

一. 觀看以下影片，認識海洋保護區與保育海洋。 （請在適當的位置填上你的答案。）

觀看影片

1 海洋保護區可以保護香港海洋 ___動植物___ 及其 ___棲息地___ 。

2 生物多樣性與健康可以為 潛水/攝影/釣魚（任兩個）

[   ] [   ] 創造康樂及旅遊機會。

3 如何能有效增加漁業資源？

由於保護區內禁止捕魚，使海洋生物能在沒有干擾的情況下安心成長。
當禁捕區內漁業資源上升，禁捕區外圍的漁業資源便會逐漸恢復。

_____

_____

4 有賴各界人士的參與，成立海洋保護區才能發揮最大效益。

各界人士，例如：_____ 。 當地居民、社會人士(大眾)(任一個)

保育海洋與你息息相關，你同意嗎？

✔ 同意 / ✖ 不同意 ，因為 _____ 。 （自由作答）

二. 觀看以下影片，認識香港中華白海豚。

由世界自然基金會
香港分會製作：

《中華白海豚》

觀看影片

由有線電視製作：

**《小事大意義 疫下中華白海豚看似「回流」香港，
但牠們實際面對什麼威脅？》**

觀看影片

由BBC News 中文製作：

《肺炎疫情剎停港澳高速船 中華白海豚回到香港水域》

觀看影片

透過以上三段影片，我明白到香港中華白海豚正受到威脅。

對此，我的感受是：

（自由作答）

_____

_____

_____

香港的水資源（一）單元工作紙

一. 請繪畫及寫出兩個在家居節約用水的方法。（請把方法寫在橫線上，並繪畫於方格內。）

【參考答案】修理滴漏：無論是水龍頭還是馬桶，只要有滴漏，都應立即修理。一個小小的滴漏，積少成多，長時間下來會造成很大的浪費。

方法一：＿＿＿＿＿＿＿＿＿＿

方法二：＿＿＿＿＿＿＿＿＿＿

二. 排序　請按照事件發生的順序重新排列（請把數字1-6寫在圖片以下）。

香港與廣東省達成
首次的商業交易

①

萬宜水庫落成

③

採用「統包扣減」
購入東江水

⑥

東江供水超越
本地供水

④

採用「統包總額」
購入東江水

⑤

發生嚴重旱災

②

三. 影片 ▶   **請觀看影片，並根據影片的內容回答問題。**

由籽想旅行製作：《水從哪裏來》

根據影片提及，現時香港的供水情況：

東江水：<u> 70 </u> - <u> 80 </u> %

天然收集水：<u> 20 </u> - <u> 30 </u> %

請判斷下列句子是否正確。是的，請方格內加上「✓」，錯的，請方格內加上「✗」。

☑ 薄扶林水塘是香港第一個水塘。

☒ 食水水塘中的水毋須過濾即可使用。
食水水塘中的水經過過濾才可飲用。

☑ 為了防止水土流失而引進了植物三寶。

☑ 水塘內可以釣魚。
**水務處於每年九月一日至翌年三月三十一日開放
水塘給市民釣魚，但需事先申請釣魚牌照。**

四. 進階   試根據資料回答問題，請把你的答案寫在適當位置。

將軍澳海水化淡廠

香港缺乏天然湖泊、河流及充裕的地下水源。現時，香港的食水來源只有兩種方法，分別是從天然集水區收集的雨水，以及向廣東省購買的「東江水」。

根據香港水務署的資料，香港於2020/21年度平均每天食水用量高達283萬立方米。但是，香港天文台所紀錄的每年平均雨量只有2431.2毫米。因此，單憑香港的水塘儲水，實在供不應求。同年，香港輸入了8.12億立方米「東江水」，佔了香港的食水來源逾八成。

那麼，還有其他方法能增加香港的食水供應嗎？為了開拓新的水資源，香港政府斥資約91億元在將軍澳興建海水化淡廠。工程目前已經展開，預計2023年投入運作。不過，這不是香港的第一座海水化淡廠呢！第一座海水化淡廠是座落在屯門的樂安排海水化淡廠，曾經曇花一現。後來因為成本太高昂而無奈停運。

昔日樂安排海水化淡廠使用海水加熱蒸餾技術；現時將軍澳海水化淡廠採用逆滲透海水化淡技術生產食水。新技術能使成本下降外，還比購入的「東江水」便宜。香港政府還預測落成後可為香港提供5%至10%的食水。

1 香港的水源來自：① <u> 集水區收集雨水 </u> ② <u> 廣東省購買的「東江水」 </u>

2 在2020/21年度中，輸入的「東江水」，佔了香港的食水來源逾 <u> 八成 </u> 。

3 香港第一座海水化淡廠是位於 <u> 屯門 </u> 的 <u> 樂安排海水化淡廠 </u> 。

4 將軍澳海水化淡廠預計在 <u> 2023年 </u> 年落成。

香港的水資源 單元工作紙(二)

小小實驗家

你知道嗎?我們從家中也能找到一些材料來製作簡易的濾水器!

準備材料:

1️⃣ 膠樽 (建議容量為1L或以上)

2️⃣ 木炭 (備長炭)

3️⃣ 毛巾

4️⃣ 雨水 (收集回來的雨水)

需要工具:

1️⃣ 剪刀

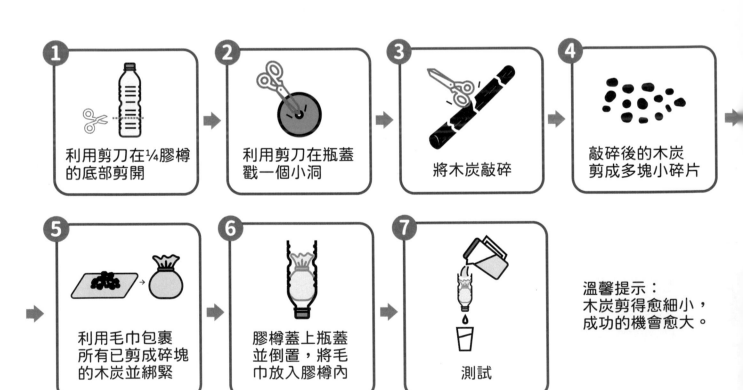

1️⃣ 利用剪刀在¼膠樽的底部剪開

2️⃣ 利用剪刀在瓶蓋戳一個小洞

3️⃣ 將木炭敲碎

4️⃣ 敲碎後的木炭剪成多塊小碎片

5️⃣ 利用毛巾包裹所有已剪成碎塊的木炭並綁緊

6️⃣ 膠樽蓋上瓶蓋並倒置,將毛巾放入膠樽內

7️⃣ 測試

溫馨提示:
木炭剪得愈細小,
成功的機會愈大。

小朋友,做實驗時需要成年人陪伴才能進行啊!
雖然過濾後的水可以飲用,但成功過濾後仍需要煮沸才能飲用。

① **預測：**我預測木炭 **能夠 / 不能夠** 過濾污水。（請圈出答案。）

② **觀察：**過濾效果：**好 / 不好**；速度：**快 / 慢**。（請圈出答案。）

③ **結果：**實驗結果證明木炭 **(能夠) / 不能夠** 成功過濾污水。（請圈出答案。）

④ **解釋：**木炭的孔洞結構擁有 ___吸附作用___，能有效吸附 ___雜質___ 和 ___微生物___，

讓水變得更 ___乾淨___。（請把答案填寫在橫線上。）

⑤ **結論：**我認為過濾後的水 **還有/沒有** 雜質，**能夠 / 不能** 直接飲用。
（請圈出答案。）

我下次（也）😊**願意 /** ☹**不願意** 繼續抱有探究精神進行實驗。 （請圈出答案。）

【補充說明】詢問學生：「清澈的水是怎樣的呢?」答案：沒有異味、雜質等等，或其他合理答案。

【補充說明】
實驗開始前，讓學生根據已有的知識作出判斷，從而預測結果並作答第一題。
在思考的過程中，批判性的問題能喚起學生的好奇心，同時加深學習的印象。
作答後，開始示範以驗證學生的判斷。在示範實驗時，可詢問啟發性的問題，
例如：「為什麼要敲碎木炭?」、「為什麼要使用毛巾?」等等。

【教學目標】
鼓勵學生應用課堂知識，並透過實驗啟發對原有知識產生疑問以增強學習動機。
透過實驗進行探索能提供機會讓學生評鑑他們所學到的科學概念，將科學概念應用於日常生活中。

香港的生物多樣性 單元工作紙 📖

一. 你也來「畫鬼腳」，對香港的生物多樣性更深入地認識吧！

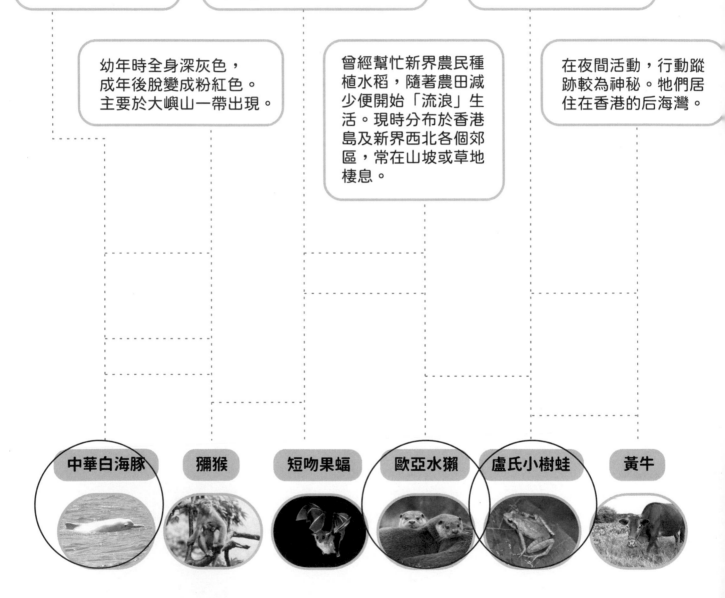

十分常見的蝙蝠家族之一，牠們擅於利用蒲葵及大絲葵的葉改建成巢。在市區到處都能找到牠們的身影。

以群體生活，並存在優勢等級制度。猴群領袖的體型較健碩，而且享有優先進食及與其他雌猴交配的權利。在香港的金山郊野公園（「馬騮山」）定能看到牠們。

香港特有的蛙類物種，體長約1.5-2cm，比$0.1的港幣還要小。在香港南丫島被首次發現。

幼年時全身深灰色，成年後脫變成粉紅色。主要於大嶼山一帶出現。

曾經幫忙新界農民種植水稻，隨著農田減少便開始「流浪」生活。現時分布於香港島及新界西北各個郊區，常在山坡或草地棲息。

在夜間活動，行動蹤跡較為神秘。牠們居住在香港的后海灣。

中華白海豚　獼猴　短吻果蝠　歐亞水獺　盧氏小樹蛙　黃牛

小朋友，你知道現時圖中哪些動物屬於瀕危物種嗎？試把答案圈出來。

二. 影片 ▶

觀看以下關於「盧氏小樹蛙」的影片，並回答下列問題。（請把答案填在橫線上。）

由香港政策研究所製作:《真。香港蛙?| 港你知 小故事》

① 盧氏小樹蛙又名 ___盧文氏樹蛙___ 。

② 盧氏小樹蛙 （是）/ 不是 香港獨有的品種。 （請圈出你的答案。）

③ 無論在 ___南丫島___ 、 ___大嶼山___ 及 ___赤鱲角___ 都能找到牠們。

④ 現時已被列入 ___極度瀕危___ 物種。

⑤ 那麼，你知道野生動物為什麼會瀕危絕種嗎？ （請在以下空格寫上答案。）

直接因素	間接因素
被人類捕殺。 (為了動物身上的皮肉資源: 某些動物的部位當藥材或裝飾用途)	動物的棲息地被破壞。 (人類過度開發森林、湖泊與濕地沼澤 使野生動物失去其棲息地)

三. 判斷 🧠

你知道下述各種動物會出現在哪兒嗎？試猜猜看，並把答案填在適當位置。

 a.箭豬
 b.黃牛
 c.野豬
 d.獼猴
 e.赤麂
 f.中華白海豚

 g.穿山甲
 h.豹貓
 i.彈塗魚
 j.招潮蟹
 k.歐亞水獺

① 郊野公園: ___a,b,c,d,e,g___

② 米埔自然保護區與濕地: ___h,i,j,k___

③ 海洋: ___f___

其實部份動物在市區或是
近郊都能發現牠們的蹤跡呢！

43

- 香港曾經出現一種名為華南虎的老虎，與其他品種的老虎外貌差別不大。平日，牠們棲息於山野叢林之中。

- 1915年，有一頭華南虎肆虐上水的村落，被稱作「上水之虎」。

- 當時的香港皇家警察身先士卒與「上水之虎」搏鬥一番，最終兩名警員英勇殉職。

- 「上水之虎」最終被擊斃，頭部製成標本，移送至香港警察博物館展出。

- 華南虎的足跡曾經遍布整個新界及九龍半島，但現時已經完全絕跡。

❶ 現時香港還有老虎出沒嗎？（請圈出正確答案）

有 / 沒有

❷ 你知道與「虎」相關的成語嗎？試寫出你認識的成語。 （請把答案寫在橫線上）

參考答案：如虎添翼、養虎遺患、狐假虎威、談虎色變、虎頭蛇尾、虎視眈眈、虎背熊腰等等（不限數量）

_____

_____

_____

野豬與我們的距離 單元工作紙

我是設計師

請設計關於「鼓勵大家愛護野生動物，實踐人類與自然和諧共處」的一張海報並寫上一句標語。

香港的氣象特徵 單元工作紙 📖

小朋友，你有留意到嗎?在學習香港的氣象特徵時，很多概念都與我們之前學習過的課題有關連呢!

例如：香港的地形。

- -

一. 找錯處 🔍

請從下列句子中圈出錯處，並把正確答案寫於上方。

（每句只有一個錯處）

華南

❶ 香港位於~~南海~~丘陵的最南端。

季候

❷ 香港屬於亞熱帶地區，每年均受~~颱~~風影響。

23

❸ 每月的日照平均超過150小時，全年平均氣溫為攝氏~~25~~度。

有

❹ 受到地理位置及鄰近的海洋影響，香港與其他亞熱帶地區~~沒有~~差別。

乾冷

❺ 香港的冬天非常~~濕冷~~。

二. 影片 ▶

觀看以下影片，並回答下列問題。

觀看由香港天文台製作:《氣候是怎樣分類的?》

根據世界氣候分類圖，香港是屬於___和暖地帶___。

因此，冬天比較___乾燥___，夏天比較___炎熱___。

香港的四季與氣候 單元工作紙

課堂活動：「香港的四季」

請把合適當季的衣著打扮及用品張貼在空白位置。

季節	月份
_____	_____

【課堂活動】：由教師說出一個「季節」或「月份」時，需由學生自行配搭適合該季節的衣服及用品。

【補充說明】學生可以把各種所需物品用剪刀出來，並貼在適當的位置內。

請把各種所需物品張貼在此。　　　　　請把各種所需物品張貼在此。

請影印此頁後剪出用品，並張貼於適當位置

香港會下雪嗎? 單元工作紙 📖

雖然香港幾乎不會下雪,但你還知道有哪些地方會下雪嗎?
請你從互聯網上搜尋資料並填寫在下列適當位置。

【補充說明】培養學生整合資料的能力並鼓勵學生分享日常生活。

我知道會下雪的地方是:_____,它位於_____。

我 **曾經到過 / 現在居住 / 沒有到過** 這個地方。

這個地方的照片如下:

它的特色是:_____。

各式各樣的天氣警報 單元工作紙 📖✏️

一. 配對 請把天氣警報與相對應的文字配對起來。

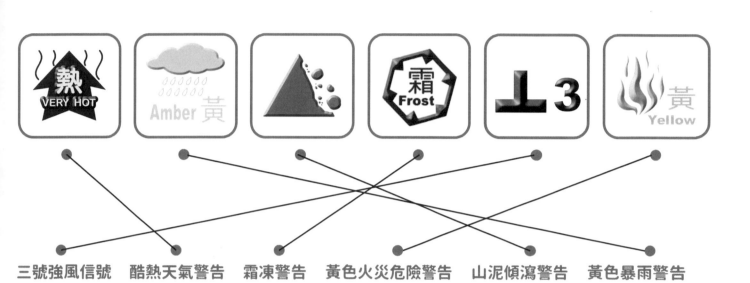

三號強風信號　酷熱天氣警告　霜凍警告　黃色火災危險警告　山泥傾瀉警告　黃色暴雨警告

二. 影片 ▶️ 觀看影片,然後回答下列問題。

由香港天文台製作:《「寒冷天氣警告」幾時生效呀?》

❶ 氣溫是發出寒冷天氣警告的唯一考慮因素嗎?

是 / 不是(請圈出你的答案。)

天文台還會考慮: ___濕度___ 和 ___風力___ 。

❷ 什麼是「風寒效應」?

冬天的時候,大風將身體的熱力帶走,使身體感到特別寒冷。

❸ 香港每年錄得的寒冷天氣日數呈現下降的趨勢,

這是因為受到 ___全球暖化___ 的影響。

香港風災 知多一點 單元工作紙

一. 我們在上一個課題中曾經學習過熱帶氣旋警告信號分為五個級別。

但是，你知道「超級颱風」屬於哪一個級別嗎？

試參考以下圖片，並圈出正確答案。

一號風球	**T**1	
三號風球	**⊥**3	
八號風球	▲8 ▼8 ▲8 ▼8 NW 西北　SW 西南　NE 東北　SE 東南	
九號風球	✕9	
十號風球	**✚**10	

二. 當颱風來的時候，以下哪一些行為是正確的呢？

請判斷下列行為是否正確。正確的行為，請加上「　」；錯誤的，加上「　」。　✕

在家看電視

外出到商場逛街

站在碼頭邊「追風」

將膠紙貼在玻璃窗上

香港會地震嗎？ 單元工作紙

一. 影片 ▶ 觀看影片，然後回答下列問題。

香港天文台：氣象冷知識《香港會有大地震？地震預測得到嗎？》

❶ 香港 會 /（不會） 發生地震。

因為世界大部份的強烈地震都發生在地殼 ___板塊邊緣___ 。

❷ 香港位於___歐亞___板塊之上，但並非處於___板塊邊緣___ 。

❸ 著名的環太平洋地震位於___歐亞___、太平洋及菲律賓板塊的邊界，

並且貫穿___日本___ 、 ___台灣___及等國家。

❹ 香港距離活躍地震帶較___遠___ ，因此發生大地震的機會___很微___ 。

二. 根據課文，你知道香港位於哪裏嗎？請把香港的位置標示出來。

香港的十八區地圖 單元工作紙

一. 香港劃分為十八個行政分區,你還記得香港十八區的位置嗎?(請把你的答案填在空白位置。)

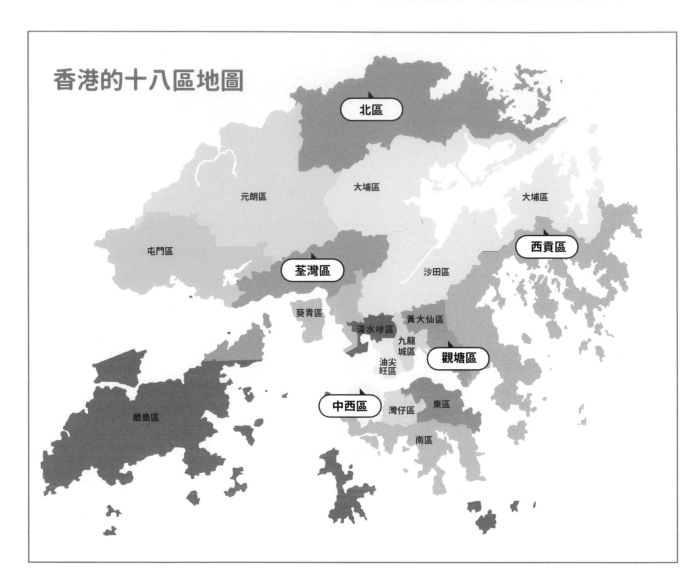

二. 你的故事

你(曾經)居住在哪一區?你最喜歡的是區內的哪兒呢?你也來介紹你的家吧!
(請把你的答案填寫在適當位置上。)**【補充說明】**鼓勵學生分享香港的生活經驗。

我 現在 / 曾經 居住在 ＿＿＿＿＿＿＿（地區）　　　**這是它的照片/圖片:** 請繪畫/貼上圖片於此

中的＿＿＿＿＿＿（地方)。

我最喜歡是區內的 ＿＿＿＿＿＿＿（地方)。

因為 ＿＿＿＿＿＿＿＿＿＿＿＿＿＿＿＿＿＿＿＿

＿＿＿＿＿＿＿＿＿＿＿＿＿＿＿＿＿。

香港島的分區 單元工作紙

一. 根據課文知識，然後回答下列問題。（請在適當位置填上答案。）

a. 香港島可分為＿＿＿＿四＿＿＿＿行政區。

b. 它們是：

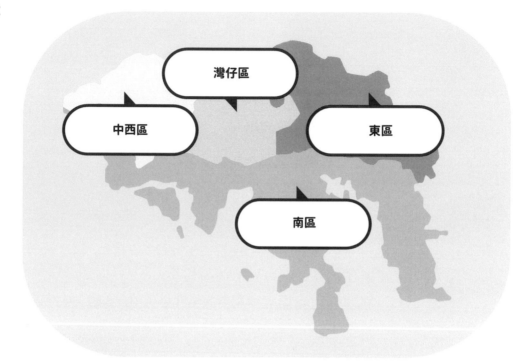

二.「區區有故講」專題研習

我們認識到香港島的各個分區，那麼你對哪一個行政區感到興趣呢？
你能重新演繹其中一區的故事嗎？

專題研習的內容提示：
關於區內任何一個地方的人、事、物。
包括該地區的發展、地名由來、建築物變遷等等。

專題研習的形式：
a. 拍攝一段短片（10分鐘內）。
b. 設計一份簡報（PowerPoint）。
c. 繪畫或設計一件藝術品。
d. 其他形式。

灣仔區 單元工作紙 📖

「打小人」

在灣仔區的鵝頸橋橋底，有一種聞名海外的「傳統習俗」—「打小人」。

人們相信，藉由「打小人」能夠驅趕「衰運」、「小人」，及憂鬱之氣。

「打小人」都是由「神婆」進行儀式。「神婆」會一邊用鞋拍打象徵不吉利人或事的「小人紙」，一邊唸起連串的口訣。

最後，將代表災星的紙老虎焚燒，象徵將厄運送走。

每逢「驚蟄」，都會吸引大批民眾前往進行打小人活動。

> 驚蟄：每年的3月5日是傳統二十四節氣中的驚蟄。同時，「驚蟄」被視為冬眠的動物睡醒，開始覓食的日子。傳統相信透過祭祀（「打小人」）能防止白虎外出傷人。

為了加深認識「打小人」習俗，
試試從互聯網上搜尋有關「打小人」的步驟，並在適當位置繪圖。

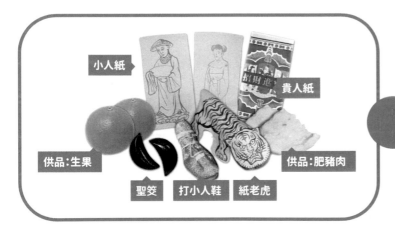

小人紙

貴人紙

供品：生果

聖笅　打小人鞋　紙老虎

供品：肥豬肉

1. 奉神

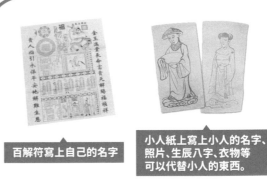

百解符寫上自己的名字

小人紙上寫上小人的名字、照片、生辰八字、衣物等可以代替小人的東西。

2. 向神明「稟告」

神婆用鞋拍「小人紙」，並唸咒

▶ 神婆會一邊唸咒，一邊拍打小人紙，直至破爛為止。

在白虎上附有生豬肉作祭祀，代表餵飽白虎，便不會到處傷人，避免災難。

3. 打小人

4. 祭白虎

54

神婆會撒白米及燃燒所有祭祀用品。

擲筊的結果若是一正一反代表儀式完成。

5. 化解

6. 擲筊

若想了解更多有關「打小人」，請掃描以下的QR Code。
由 Explore_HongKong製作：《鵝頸橋底 打小人》。

中西區 單元工作紙

PMQ

PMQ元創方是香港一個集創意、藝術的文創地標。它於2014年落成,英文名字為縮寫的英文字母PMQ(Police Married Quarters),代表「已婚警察宿舍」。

PMQ元創方被列為香港三級歷史建築,也是一所活化的歷史建築。

「活化」?在學習「地質公園」的課題時,也有提及過「活化」呢!小朋友,你還記得什麼是「活化」嗎?

活化:　保留現有的歷史建築物或區域,並加以善用。

_____ 。

經過活化的PMQ元創方,仍保留了許多的歷史遺蹟。你能從影片或互聯網中找到其中兩個嗎?

第一個:_____

第二個:_____

【參考答案】

1. 前荷李活道已婚警察宿舍正門
2. 中央書院的石級與石牆
3. 中央書院入口石柱及柱座
4. 地下展示廊Glimpse PMQ中展示的中央書院兩段最長的花崗岩地基,及六件從遺蹟中發掘出來的鋪地瓷磚及建築構件
5. 前中區少年警訊會所

請繪畫/張貼圖片於此

請繪畫/張貼圖片於此

若想了解更多有關「元創坊」，請掃描以下的QR Code。
由香港建築署製作：《元創坊》。

東區 單元工作紙

油街實現

位於北角的油街，是一所歷史建築。我想知道更多有關「油街實現」的資訊。你能與我一同完成以下的專題介紹嗎？

請繪畫/張貼圖片於此

| 地址 | 香港島北角油街12號 |

交通 乘搭港鐵至 __炮台山__ 站，

於 __A__ 出口步行約5分鐘。

● 它是香港的 __二__ 級歷史建築，

前身為__香港皇家遊艇會__會所。現時，是一座以推廣視覺藝術為主題的展覽及活動中心。

● 「油街實現」取名自建築物地址

（油街__12__號）的粵語諧音。

同時，寓意藝術可以在油街實現的願景。

諧音：取其類似的音，並用其他字來代替本字，產生不同的意義。

你還能找到其他有關「油街實現」的資訊與我分享嗎？

圖片來源：康樂及文化事務署（2022）。〈油街實現〉。取自https://www.lcsd.gov.hk/CE/Museum/APO/zh_TW/web/apo/oi_visit.html。

南區 單元工作紙

美利樓

美利樓是一座殖民地建築，曾經於1978年被評定為一級歷史建築。現時，重建後的美利樓主要作為食肆用途。
美利樓的建築採用中西合璧建築風格，以仿希臘復古式圓形石柱，搭配中式瓦頂及圓拱形走廊。每逢假日，吸引了很多遊人前來遊覽。

美利樓透過古蹟搬遷工程得以保留。
但是，因為位置遷移及建築物料經過改動，現在已經被降至不予評級，跌出香港古蹟名單。

你能為「美利樓」設計一張海報，
向海外的遊客宣傳及介紹這座富有歷史意義的建築物嗎？

若想了解更多有關「美利樓」，
請掃描以下的QR Code。

由有啖好食
Perfect Continuous Eat製作的

《【尋味老香港】赤柱．美利樓》

九龍半島的分區 單元工作紙

一. 根據課文知識，然後回答下列問題。（請在適當位置填上答案。）

　　a. 九龍半島可分為＿＿＿五＿＿＿個行政區。

　　b. 它們是：

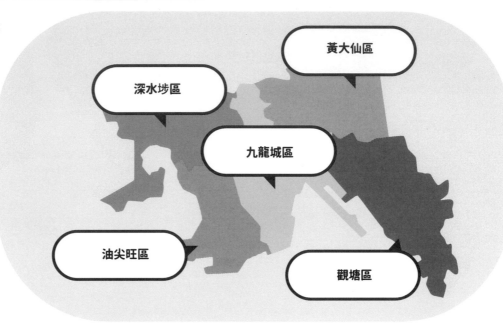

二.「區區有故講」專題研習

我們認識到九龍半島的各個分區，

那麼你對哪一個行政區感到興趣呢？你能重新演繹其中一區的故事嗎？

　　專題研習的內容提示：

　　關於區內任何一個地方的人、事、物。

　　包括該地區的發展、地名由來、建築物變遷等等。

專題研習的形式：

　　a. 拍攝一段短片（10分鐘內）。

　　b. 設計一份簡報（PowerPoint）。

　　c. 繪畫或設計一件藝術品。

　　d. 其他形式。

九龍城區 單元工作紙

九龍寨城

時至今天,仍然有很多人形容「九龍寨城」是一處「神秘國度」。隨著政府清拆以後,過往的「九龍寨城」沒有完全消逝,部份遺跡文物還是得以保留下來。

你能從互聯網上找到清拆以前的「九龍寨城」與現時的九龍寨城公園照片嗎?

清拆前的九龍寨城

九龍寨城公園

請繪畫/張貼圖片於此

請繪畫/張貼圖片於此

油尖旺區 單元工作紙

油麻地果欄

油麻地果欄（Yau Ma Tei Wholesale Fruit Market），原名為九龍水果批發市場（Kowloon Wholesale Fruit Market），亦常簡稱作「果欄」，是香港主要水果批發市場。一直以來，都吸引了不少本地及海外遊客前來感受地道的氣氛。

試想像你是果欄的老闆，你會在攤檔售賣哪些水果呢？
試把你想售賣的水果繪畫在適當位置，並設定價錢。

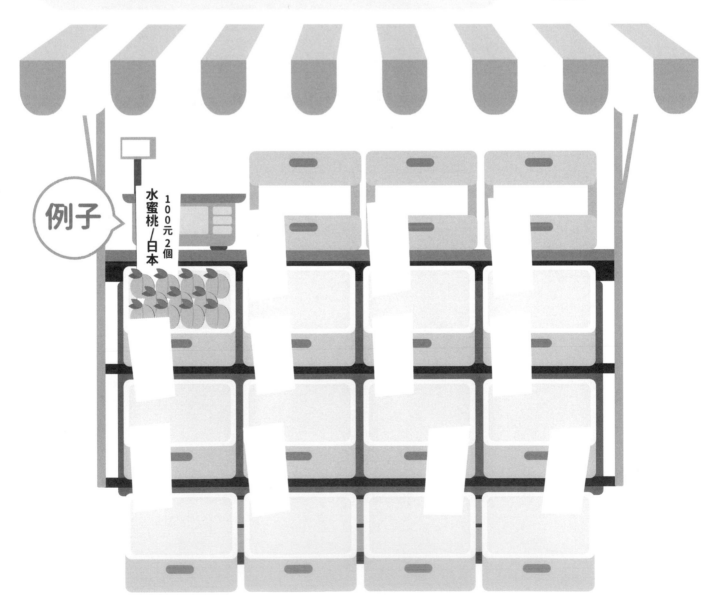

例子

水蜜桃／日本 100元2個

若想了解更多有關「油麻地果欄」，請掃描以下的QR Code。
由米紙製作的《水果批發市場》

深水埗區 單元工作紙

你知道嗎？這些食品都是香港製造的呢！

 嘉頓有限公司

嘉頓有限公司，是香港一所歷史悠久的食品公司，主要生產麵包、餅乾及蛋糕等食品，著名產品有「生命麵包」、「雪芳蛋糕」、「家庭雜餅」等等。
現時，嘉頓有限公司在深井設立廠房，生產線包括麵包、蛋糕、餅乾及糖果等等，都是「香港製造」。

除香港的廠房外，
在中國的東莞及揚州也有設立廠房。

小朋友，你還能找到其他由嘉頓有限公司生產的食品嗎？
請你把找到的資料張貼在下面並寫上它們的名稱。

【參考答案】朱古力手指餅、利是糖、紅罐曲奇、忌廉檳，及雪芳蛋糕等等。
如果能取得實物可以與學生一同分享，否則可以搜尋網上圖片或繪畫活動作代替。

請繪畫/張貼圖片於此

請繪畫/張貼圖片於此

嘉頓中心位於深水埗青山道，擁有八十多年歷史，是不少香港人的共同回憶。
2018年古物諮詢委員會將嘉頓中心評為香港二級歷史建築。
嘉頓中心位於喃嘸山下，因此該山被約定俗成稱為「嘉頓山」。

嘉頓中心非常多元化，除了是嘉頓總辦事處、
展覽館、咖啡店，還是一所餐廳呢！

但是，2021年底開始，嘉頓中心外圍起了棚架。
很多香港人擔心嘉頓中心是進行清拆工程，但是嘉頓中心回應：
因為外牆需要翻新，才圍起了棚架的呢。
你能找到有關新聞報導嗎？請你把剪報張貼在下列空白位置。

新聞標題：＿＿＿＿＿＿＿＿＿＿　　新聞日期：＿＿＿＿＿＿＿＿＿＿＿＿＿

報導來源：＿＿＿＿＿＿＿＿＿＿

內容大概：＿＿＿＿＿＿＿＿＿＿＿＿＿＿＿＿＿＿＿＿＿＿＿＿＿＿＿

＿＿＿＿＿＿＿＿＿＿＿＿＿＿＿＿＿＿＿＿＿＿＿＿＿＿＿

＿＿＿＿＿＿＿＿＿＿＿＿＿＿＿＿＿＿＿＿＿＿＿＿＿＿＿

剪報：

黃大仙區 單元工作紙

紅A塑膠工廠

「紅A」是星光實業有限公司於1949年創立的香港品牌。早年,主要銷售塑膠製造的家庭用品。現時,「紅A」是少數堅持「香港製造」的品牌。公司以「上等質A做到,100%香港製造」為口號。

你還記得香港在1960年代時曾經制水嗎?那時,「紅A」的塑膠水桶大受歡迎,從此成為家傳戶曉的品牌。

此外,「紅A」近年也積極地轉型,與時並進。你能找到「紅A」出產的產品嗎?

這是:＿＿＿＿＿＿＿＿＿＿

用途是:＿＿＿＿＿＿＿＿＿

請繪畫/張貼圖片於此

這是:＿＿＿＿＿＿＿＿＿＿

用途是:＿＿＿＿＿＿＿＿＿

請繪畫/張貼圖片於此

若想重溫有關香港制水與塑膠業發展之間的關係,可以觀看以下影片:田團結香港基金製作的:《#香港塊醬 #紅A水桶》

觀塘區 單元工作紙

市區重建計劃

1. 重建：是指清拆建築後，重新建造。
2. 市區重建：政府透過收購舊有樓宇的業權以重建社區，從而改善舊區環境的土地規劃方式。

「觀塘市中心重建計劃」是香港市區重建局最大規模的市區重建項目。計劃於2007年展開，將以裕民坊為中心的觀塘舊區改造成一個全港綠化率最高的市中心地帶。

過往，觀塘區的定位是工業市鎮，配合港英政府發展香港的製造業。
但是，隨著1979年中國改革開放政策，大部分的本地企業的重心轉移到中國。
因此，九龍灣及觀塘一帶的工業區開始式微。
後來，香港政府於2001年將九龍灣及觀塘的「工業」用地改劃為「商貿」用地，
容許將工業樓宇改建為商業、辦公室。

時至今日，觀塘市中心的建築物已經改頭換面，
「觀塘市中心重建計劃」亦進行得如火如荼。

面對重建計劃，昔日的「小店」已經逐漸被大型連鎖店取代。
相信重建計劃拆掉的除了是建築物本身，還是香港人的集體回憶。

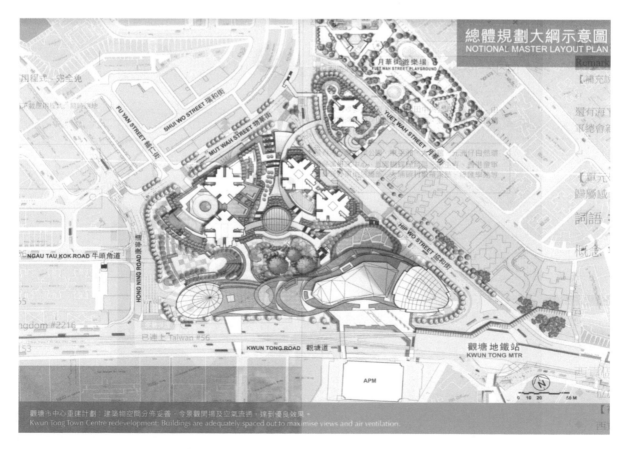

圖片來源：市區重建局((2007)。
〈觀塘市中心重建規劃設計：社區的選擇〉。 取自https://www.ura.org.hk/tc/news-centre/press-releases/20070423

裕民坊重建 知多點

由果籽製作:《觀塘裕民坊重建前夕》

以下這些照片是「觀塘市中心重建計劃」
的工程前、後對比圖。
你能說出他們有什麼差別嗎?

舊裕民坊大廈位置

2009

2021

新裕民坊商場及私人住宅凱匯位置

2009

2021

圖片來源：Google Earth

新界的分區 單元工作紙 📖

一. 根據課文知識，然後回答下列問題。（請在適當位置填上答案。）

　　a. 新界可分為_____八_____個行政區。

　　b. 它們是：

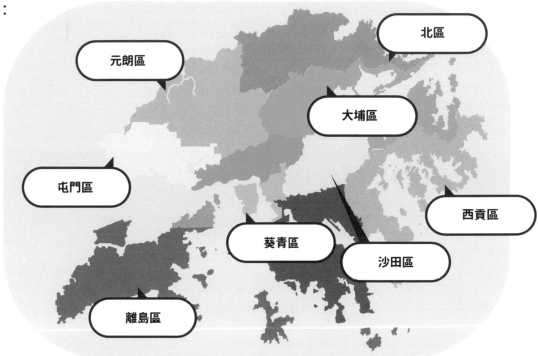

二.「區區有故講」專題研習

我們認識到新界的各個分區，那麼你對哪一個行政區感到興趣呢？
你能重新演繹其中一區的故事嗎？

專題研習的內容提示：
關於區內任何一個地方的人、事、物。
包括該地區的發展、地名由來、建築物變遷等等。

專題研習的形式：

　　a. 拍攝一段短片（10分鐘內）。

　　b. 設計一份簡報（PowerPoint）。

　　c. 繪畫或設計一件藝術品。

　　d. 其他形式。

荃灣區 單元工作紙

茶樓（川龍端記茶樓）

川龍端記茶樓位於荃灣大帽山山腰，是飲茶和吃點心的地方。
老闆開辦茶樓的目的是讓行山客有一個歇腳地。同時，川龍端記茶樓是香港碩果僅存的「雀鳥茶居」—少數以山水泡茶和烹煮的食店。

這個茶樓特別之處是採取自助形式。除了「埋單」以外，所有工序都是茶客親自處理。例如：提取碗筷、茶壺、點心等等。

在川龍端記茶樓內，幾乎所有的傳統點心款式通通有售。例如：鵪鶉蛋燒賣、叉燒腸粉、蝦餃、牛肉球等等。

你還知道有哪一些點心嗎？請繪畫在點心籠內。

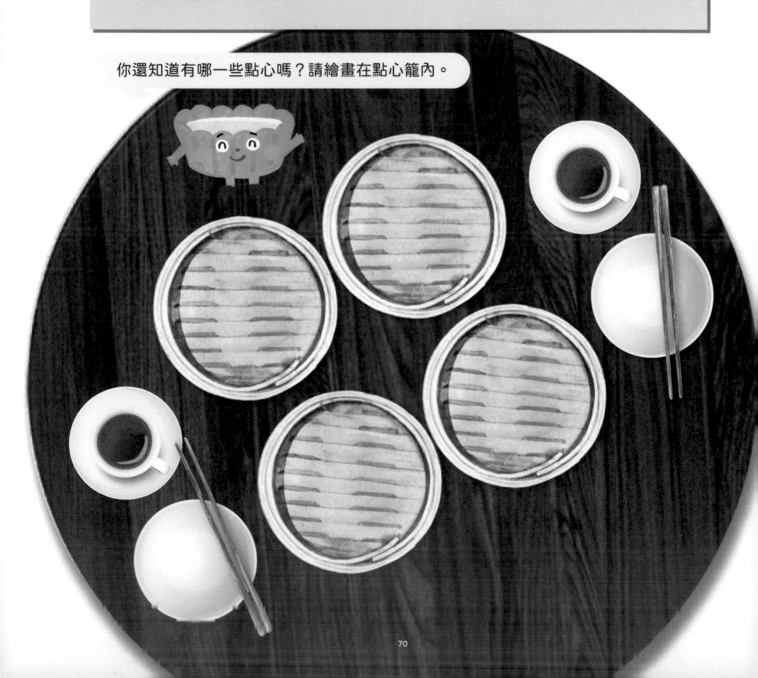

葵青區 單元工作紙 📖

🏪 我是小老闆

葵涌廣場內有眾多不同類型的小店,如果你也來當老闆,開設一間店鋪,會是一家怎樣的店鋪呢?

店鋪的名字:_____

請把你的店鋪繪畫於此

我的店鋪主要售賣:_____。

特色是:_____

_____

_____

沙田區 單元工作紙

從沙田出發往大尾督水壩的單車路線

假日的時候，很多家庭都會選擇到沙田踩單車。
讓我們一同來看看沙田最受歡迎的單車路線吧！

第一站：城門河

第二站：香港科學園

第四站：大埔海濱公園

第三站：白石角海濱長廊

第四站：大埔大尾篤

但是，在香港使用單車為代步工具的人卻為數不多。
原因是香港政府把「單車」定義為消閒或康樂活動，
因此並沒有完善全香港的單車路線。

目前，本港現有的單車徑集中在新界。
若然要在九龍半島和香港島以單車代步，
只能移師到車輛行駛的馬路。

❶ 小朋友，你認為在車輛行駛的馬路踩單車，會危險嗎？

會 / 不會 （請圈出你的答案。）

❷ 你能想到在車輛行駛的馬路踩單車會遇上什麼危險嗎？

_____。 （請把你的答案填寫於橫線上。）

❸ 你贊成香港應該發展與完善單車徑以保障市民的安全嗎？

贊成 / 不贊成 （請圈出你的答案。）

若想了解更多有關從沙田出發的單車路線，可觀看以下影片。
由香港遊製作的：《【香港遊】單車遊系列 - 大圍往大尾督水壩》

大埔區 單元工作紙

在每年的農曆新年時，很多香港人都會到大埔林村祈福「行大運」。
你也來把願望寫在「寶牒」上吧！

西貢區 單元工作紙

請想像你是一位漁民，正打算將新鮮漁獲放到海鮮艇上售賣給市民。
請先為你的海鮮艇取一個名字，並把你今天的漁獲繪畫在艇上的空籃子內。

_____ 海鮮艇

屯門區 單元工作紙 📖

你認識輕鐵嗎？輕鐵是連接「屯天元」的主要交通工具。

以下的「輕鐵小檔案」中缺欠了部份資料，你能根據你的知識或從互聯網上找到相關資料以完成「輕鐵小檔案」嗎？

輕鐵小檔案

請把輕鐵繪畫於此

輕鐵的全名是＿＿＿＿輕型鐵路系統＿＿＿＿，主要於在＿＿屯門＿＿、＿＿元朗＿＿及＿＿天水圍＿＿行駛營運。

它於＿＿1988＿＿年通車，成為了新界＿＿西北＿＿地區居民的主要交通工具。

直到現在，共有＿＿12＿＿條路綫，並行走＿＿68＿＿個車站。

最特別的是，輕鐵以全港獨有的開放式收費系統收費。在月台上沒有閘機，乘客在登車前必須在月台上的售票機購買輕鐵單程票或以八達通卡付費，方可登車。

你能找到輕鐵站的「八達通入站處理器」圖片嗎？請把它張貼在空格內。

元朗區 單元工作紙 📖

元朗區元朗馳名的涼粉店以「巨型」甜品作招徠，你也來開設一間屬於你的甜品店吧！
請先為你的甜品店取一個名字，並把你設計的甜品菜單繪畫在空盆上。

_____ 甜品店

北區 單元工作紙

馬寶寶社區農場

馬寶寶社區農場位於粉嶺梧桐河畔的馬屎埔村。於2010年成立，由村民及關心香港永續發展的人士共同創立。馬寶寶社區農場的宗旨是推廣本土農業、以本地生產連結城鄉間的社區關係，舉辦的活動包括導賞團、手作工作坊、耕種班和農墟，售賣以永續耕作方式生產的本地蔬菜，重新建立農村與城市的互動關係，宣傳城鄉共生的永續發展。

同時，馬寶寶社區農場定期會舉辦「馬寶寶生活墟」，內容包括農夫市集、手作攤位、文化交流講座等等，讓參加者、消費者，也成為社區的一部份。

但是，現時的馬寶寶社區農場已經消失了……

香港政府在2007/08施政報告中提出「新界東北三合一新發展區」，建議於粉嶺北、古洞北、坪輋/打鼓嶺三地與建新市鎮。

後來，香港政府再於2013年發表《新界東北新發展區計劃》，確立將粉嶺、上水、古洞打造成新市鎮。因應新界東北發展計劃，馬屎埔村被香港政府陸續收地，而同樣位於馬屎埔村的馬寶寶社區農場亦於2021年7月被收回。

馬寶寶社區農場 知多點：

由果籽製作：《馬屎埔可能被滅村》

現時，馬屎埔已被滅村
（影片日期為2020年1月23日）

圖片來源：馬寶寶社區農場Facebook

請觀看影片，然後完成你的觀後感：

> 有關馬寶寶社區農場的介紹，可以觀看以下影片：
> 由香港城市記錄師製作的：《馬屎埔村，你好》。

我的影片觀後感： 😊 / ☹️ （請圈出你的答案。）

（自由作答）

_____

_____

_____

在「收地」以後，原居民會失去了：

（參考答案：原來的家園、工作機會，及選擇自己喜歡的生活方式的機會等等）

_____

_____

_____

離島區 單元工作紙 📖

除了課文介紹的長洲和南丫島外，香港還有其他離島，你能從互聯網上找到相關資訊嗎？
試完成以下的「小檔案」。

_____（離島名字）

請在此貼上圖片/繪畫

這個地方的特色是： _____

_____

請你為這個地方想一段宣傳口號

_____

_____

十八區的意義 單元工作紙 📖

除了區議會的意義改變了，從《港區國安法》落實以後，香港也改變了……
試閱讀刊於《蘋果日報》的新聞剪報，並回答下列問題。

〈愛國不靠愛國教育〉節錄

不時有建制派或親北京人士指香港缺乏愛國教育，所以香港人「不愛國」。他們把問題過度簡單化，企圖將社會對政府的失望及不信任歸咎教育，從不反省施政失誤才是民怨主因。他們忘記了，不少香港人也曾經為中國舉世矚目的成就喝采，為中國太空科技發展、為加入世界貿易組織。到2008年北京奧運，更是香港人對中國人身份認同的高峯；汶川大地震時，香港人也極之悲痛，並踴躍捐款。那時候，香港也沒有所謂的「愛國教育」，由此可見，近年來社會對政府的不滿，絕非教育出了甚麼問題。

當年回歸，中央承諾「五十年不變」，起碼令一部份香港人對回歸有信心。現實上，回歸初期，香港人的生活方式與自由與回歸前沒有兩樣；也是這段時間，香港人對一國兩制信心上升。這證明一國兩制如果得到全面落實，是真的可以得到香港人支持。只可惜香港社會出現急劇變化，變化速度令人吃驚。

回歸前不少人憂慮民主派政治人物會被捕、《蘋果》會停刊、支聯會會被解散、市民不得公開批評政府。想不到回歸20多年後，這些憂慮會重臨。在法律角度看，我無意質疑中央政府對港的主權，甚至修改基本法附件三的權力。但有權力，不一定得民心；懂自我約束，才是得人尊重的關鍵。無可否認，香港正經歷又一次移民潮，這反映為數不少的香港人對中央及特區政府失望，甚至是絕望。在這樣的背景下，根本做多少愛國教育，也不能培養出那種香港人曾經有過、發自內心的中國人身份認同。

本文節錄《蘋果日報》（2021/06/23）〈愛國不靠愛國教育（馮偉華）〉

（請把你的答案填在橫線上。）

1 你知道什麼是「愛國」嗎？

知道 / 不知道，因為：【補充說明】自由作答，並邀請學生闡述原因。_____。

2 請訪問你的父母，他/她認為什麼是「愛國」？

我訪問了：_____，他/她認為「愛國」是：

_____。

【補充說明】學生透過訪問父母的想法，從而理解近年香港的社會事件。

以下為進階題目，您可以邀請父母與你一同完成，往難度挑戰吧！

3 什麼是「五十年不變」？　根據香港《基本法》第五條：「香港特別行政區不實行社會主義制度和政策，保持原有的資本主義制度和生活方式，五十年不變。」

【補充說明】課程的「引言」p.6曾提及「五十年不變」。

_____

_____

4 文章中的一句：「但有權力，不一定得民心；懂自我約束，才是得人尊重的關鍵。」
中的「權力」指的是什麼？

【補充說明】提示：閱讀文章時，可往前找尋答案。
修改基本法附件三的權力。

_____

5 承上題，你知道「但有權力，不一定得民心」指的是什麼意思嗎？（試就你的理解自由作答）

(自由作答)/(例：香港政府以權力落實區議會宣誓並訂立「負面清單」，讓非建制派的區議員不能留任)

_____

6 你認為香港學校應該實行「愛國教育」嗎？為什麼？

應該 / 不應該，因為：_____。

課程總結活動:「香港是何地?」總結工作紙

你知道嗎?
在香港主權移交前夕與當天,最後一任港督和第一屆特首分別對香港寄語如下⋯⋯

試閱讀下列兩段資料,並回答下列問題。

一. 最後一任港督彭定康在添馬艦的告別演辭

我深信,只要香港人堅守他們珍視的價值觀,香港的前途必定越來越光明。

英國在香港的管治即將終結。我相信英國對香港的貢獻,是建立了一個完善的架構,使香港人能夠力爭上游,創造美好天地。這個架構包括具備法治精神及廉潔的政府、自由的價值觀、已具雛型的代議政制和民主社會制度。

香港是一個華人社會,一個典型的華人社會,又具有英國特色。從來沒有一個屬地,在脫離殖民管治時,能夠像香港這般繁榮昌盛,這般具備文明社會應有的結構和特質,既有各行各業的專才、不同的宗教、眾多的報章雜誌、蓬勃的慈善機構,還有正直忠誠、矢志不渝地為市民和社會謀福利的公務員。

現在,香港人將會治理香港。這是一個承諾,也是一個不容動搖的命運。

節錄自 港督彭定康在添馬艦的告別演辭 (1997年6月30日)

二. 第一任行政長官董建華在香港特別行政區成立暨宣誓儀式上的講話

香港人在歷史上第一次以明確的身份主宰自己的命運。香港特別行政區政府將竭盡全力,保持香港一貫的生活方式,維持香港的自由經濟體系,堅守法治精神,發展民主,建立富於愛心的社會,確保國際大都會的活力。

節錄自〈香港特別行政區第一任行政長官董建華在香港特別行政區成立暨宣誓儀式上的講話〉(1997年7月1日)

就你對香港的認識,你認為哪一些是至今香港能做到的事?請在空格內加上「✔」,並加以說明。

○ 保持香港一貫的生活方式

○ 維持香港的自由經濟體系

○ 堅守法治精神

○ 發展民主

○ 建立富於愛心的社會

○ 確保國際大都會的活力

【補充說明】鼓勵學生在課堂延伸討論,發表個人意見。(自由作答)

我的感受

【補充說明】第二部份為開放性思考問題,鼓勵學生反思香港現時的情況及表達個人的感受。

❶ 我 ☺ 喜歡 / ☹ 不喜歡 這個課程,

因為: _____

_____

課程中讓我最深刻的是:

課程中讓我感到疑惑的是:

做得真好!恭喜你完成這個課程了!希望今後能在世界各地與你碰面!
也希望你與世界各地朋友會面時,能以「香港人」的身份向他們推廣香港這個「家」。

思故鄉港教材系列

 香港是我家 單元一：
香港是何地 單元工作紙（教師版）

作　　者	思故鄉港教材企劃團隊
	臺北市松山區民生東路三段130巷5弄22號2樓
	電話：02-25465557
總 編 輯	黎智豐
編輯成員	張逸峰、寶兒老師
繪圖排版	Jo
校　　對	林慧行
鳴　　謝	吳凱霖、鄭家朗
合作出版	釀出版
印製發行	秀威資訊科技股份有限公司
	114 台北市內湖區瑞光路76巷65號1樓
	電話：+886-2-2796-3638　傳真：+886-2-2796-1377
	http://www.showwe.com.tw
郵政劃撥	19563868　戶名：秀威資訊科技股份有限公司
	讀者服務信箱：service@showwe.com.tw
網路訂購	秀威網路書店：http://www.bodbooks.com.tw
法律顧問	毛國樑　律師
總 經 銷	聯合發行

I S B N	978-986-445-878-3
出版日期	2023年11月　BOD一版
定　　價	320元

讀者回函卡